EXAMEN

DE LA PROPOSITION DE LOI DE M. J. BOZÉRIAN, SÉNATEUR,

LE NOM COMMERCIAL.

———

Les intérêts que vise la proposition de loi de l'honorable M. Bozérian présentent un caractère général, on pourrait même dire universel, qu'on ne trouve dans aucune autre branche de la propriété industrielle. A ce titre, le législateur leur doit évidemment une protection organisée avec un soin particulier. Tout le monde est d'accord à cet égard. Malheureusement il faut reconnaître que cette unanimité de vues s'est arrêtée, en France, au seuil de la législation positive. Pendant que les autres peuples perfectionnaient la réglementation des garanties à assurer au nom commercial et à la raison de commerce, notre pays en restait aux dispositions rudimentaires de l'an XI et de 1824.

La proposition de loi a pour but de mettre fin à cet état de choses regrettable. Tout en s'assimilant la loi de 1824, elle soulève des questions nouvelles d'une portée considérable et jette les bases d'un ensemble de dispositions sensiblement en harmonie avec les besoins les plus urgents de l'heure présente. Telle qu'elle est, en un mot, elle consacre des améliorations nombreuses, dont quelques-unes sont l'expression judicieuse de solutions acquises par une jurisprudence aujourd'hui généralement admise par nos Cours de justice et dont certaines autres constituent d'heureux emprunts à des législations étrangères, en progrès évident sur la nôtre.

Cet hommage rendu à l'initiative de l'éminent jurisconsulte, il est permis de se demander si le projet réalise tout ce que le commerce est en droit d'en attendre dans l'état actuel de l'industrie et si, dans les textes déclarés abrogés par l'article final, il ne se trouve pas des dispositions dont il y aurait lieu de retenir l'esprit et même d'étendre les termes.

I

Définition des intérêts à protéger.

Une question se pose tout d'abord : La loi doit-elle définir le genre de propriété qu'elle entend faire respecter ? L'auteur, se conformant au précédent créé par la loi de 1857, sur les marques de fabrique, s'est décidé pour l'affirmative dans sa proposition sur les dessins ou modèles industriels, en ce moment pendante devant la Chambre des députés. Nous voyons avec regret qu'il s'est abstenu de suivre la même procédure en une matière où la définition est, à notre sens, extrêmement nécessaire.

Tout ce qui pourra être dit à cet égard par le rapporteur ou les ministres lors de la discussion n'obligera point, du reste, on le sait, le juge. Nous pourrions en citer un remarquable exemple sans sortir des limites de la propriété industrielle. En effet, l'exposé des motifs de la loi de 1857 sur les marques de fabrique s'exprimait ainsi en réponse à ceux qui réclamaient une disposition législative au profit de l'acheteur trompé par une marque contrefaite : « Il ne faut pas oublier que l'art. 423 du Code pénal et la loi du 27 mars 1851 ont pourvu déjà et suffisamment, ce semble, à la protection due au consommateur contre les fraudes du commerce. »

De son côté, le rapporteur, M. Busson, donnant à cette interprétation de l'art. 423, la sanction de l'approbation sans réserve de la Commission, s'exprimait ainsi :

« L'art. 423 du Code pénal punit déjà les tromperies sur la nature de la marchandise. »

Or, nos Cours de justice ont presque toujours décidé, depuis lors, que l'action en tromperie sur la nature de la chose vendue ne doit s'entendre qu'en matière de perles et métaux précieux, ainsi que l'indique énonciativement du reste le texte du Code pénal.

L'honorable sénateur a signalé d'ailleurs lui-même, dans un remarquable travail (1), l'inanité des déclarations faites à la tribune ou dans les rapports officiels par les voix les plus autorisées. Si donc la loi elle-même ne donnait pas une définition très claire des intérêts à sauvegarder, la controverse la plus fâcheuse s'ouvrirait dès le lendemain de la promulgation et pourrait donner lieu à des décisions d'autant plus variables que les auteurs et les tribunaux sont loin de s'entendre sur la plupart des points à cet égard. Du reste, l'auteur n'est pas sans avoir éprouvé le besoin de préciser le but de la loi par une définition, car l'exposé des motifs s'exprime ainsi :

« Le nom civil est la personnification du citoyen. Le nom commercial est la personnification du fabricant, de l'industriel. »

En admettant pour un instant que cette définition comprît tous les intérêts à protéger, elle serait assurément plus utile dans la loi que dans l'exposé des motifs ; mais il est vraisemblable que, la considérant simplement comme une indication, l'auteur a jugé dangereux de la placer dans le texte législatif.

Il s'en faut, en effet, qu'elle soit complète, car il ne résulte nullement

---

(1) Voyez *Régime international des Marques de fabrique*, 1er janvier 1880, p. 6.

de ses termes que la désignation des sociétés civiles, le nom de l'agriculteur, celui enfin d'un producteur quelconque soient compris dans le système de protection à organiser. Or, il est tellement équitable que la loi garantisse ces diverses natures de propriété, que la jurisprudence a appliqué en ce sens la loi de 1824 (1), malgré l'exiguïté de la base offerte par l'art. 1er.

Enfin une définition est indispensable, parce que, sans indication directrice, on verrait se produire immédiatement, sur divers points qui vont être examinés, des fluctuations dans l'interprétation de la loi, bien propres à l'énerver et à atteindre gravement le prestige dû aux décisions de la justice.

L'absence de toute définition soulève dès l'abord une difficulté grave : Quel sera le critérium pour distinguer une enseigne d'une raison de commerce ? La question qui, à certains égards, n'a qu'une importance relative sous l'empire de la législation actuelle, car il y a, du moins au civil, unité de juridiction et, en tout cas, dispense de dépôt, acquerrait avec la nouvelle loi une portée beaucoup plus grande; d'après le projet, en effet, la raison de commerce n'aurait pas besoin d'être déposée, tandis que l'enseigne, étant assimilée à la marque, serait assujettie à cette formalité.

En réalité, on ne conçoit guère pourquoi une enseigne serait moins bien protégée qu'un nom, car il arrive fréquemment qu'une enseigne a une valeur commerciale de beaucoup supérieure au nom, parfois absolument inconnu, de l'heureux propriétaire de ladite enseigne. Ajoutons que le nom du commerçant restant sur la devanture après une succession plus ou moins grande de mutations dans la propriété du fonds est, à vrai dire, à ce moment-là, beaucoup moins le nom d'un individu qu'une véritable enseigne.

A notre sens, l'enseigne doit être placée sous le même régime que la raison de commerce, dont il est, le plus souvent, presque impossible de la distinguer. Pourquoi assujettir à des législations différentes des intérêts de même nature ou tout au moins équivalents ?

C'est sur ces considérations qu'est basé l'art. 5 de la loi italienne. Il attribue au propriétaire de l'enseigne les mêmes droits qu'au propriétaire

____

(1) Voyez, en ce qui concerne l'agriculteur, l'arrêt de la Cour de Paris du 30 déc. 1854; — Chrestien contre Porral (Pataille, t. II, p. 374) :

« Attendu, en droit, que les vins doivent être placés dans la classe des produits fabriqués et que les propriétaires et vignerons doivent jouir, pour les vins provenant de leur récolte, de la protection que la loi du 8 juillet 1824 accorde aux fabricants d'objets manufacturés. »

En ce qui concerne l'artiste, voyez Cour de Paris, 12 mai 1855; — et Cour de cassation, 25 nov. 1879.

On objectera, sans doute, que le nom de l'artiste va être protégé par une loi spéciale; mais rien n'est plus insaisissable que cette qualification et il est permis de prévoir le cas où le producteur se verra refuser la qualité d'artiste par tel Tribunal et celle d'industriel par tel autre.

de la marqne. Aussi l'enseigne est-elle respectée en Italie beaucoup plus efficacement qu'en France (1).

Ces explications données, nous abordons le libellé de la définition elle-même, si périlleuse que soit la tentative.

La difficulté consiste surtout à grouper les intérêts, à protéger sous des expressions assez générales et en même temps assez nettes pour ne laisser prise à aucune ambiguïté et à aucune omission.

Le problème serait, on en conviendra, beaucoup modifié si, au lieu des mots : nom commercial, raison de commerce, raison sociale, enseigne, on adoptait un vocable embrassant ces diverses formes de la propriété industrielle, celui de *dénomination commerciale*, par exemple. On pourrait, dès lors, dire, avec autant d'exactitude que de clarté, que la dénomination commerciale est la désignation sous laquelle est connu soit le négociant ou le producteur, soit l'établissement de commerce ou de production.

Si, au contraire, on veut s'en tenir aux termes en usage, une définition est impossible, sous peine de les faire dévier démesurément du sens grammatical.

Avec la définition dont nous venons de donner la formule, le nom de l'artiste, aussi bien que celui du fabricant ou du commissionnaire, celui de la société civile ou de l'établissement quel qu'il soit, sont indifféremment visés. Ce n'est pas là un médiocre avantage. Les Allemands ont créé un mot : *firma*; les Italiens ont aussi le leur : *ditta*. Pourquoi le législateur ne recourrait-il pas en France au même moyen, en le perfectionnant, en vue d'exprimer toute sa pensée avec autant de justesse que de concision, tout en ne sortant pas de la langue usuelle ?

La nécessité d'une définition étant admise, les pseudonymes et les noms imaginaires doivent-ils être protégés *à l'égal* du nom commercial ? Nous ne croyons pas, comme l'honorable sénateur, qu'il y ait lieu de décider, dans la loi sur le nom commercial, une question qui ne nous paraît devoir être utilement tranchée que par une définition de la marque de fabrique dans une législation sur la matière; mais il n'en serait pas moins utile de placer à la suite de la définition de l'objet de cette loi :

« Ne sont pas considérés comme dénomination commerciale les pseudonymes et les noms imaginaires. »

Nous irions plus loin, nous voudrions que le législateur refusât toute protection aux pseudonymes manifestement choisis en vue de donner faussement à un produit une origine de nature à forcer, en la trompant, la confiance de l'acheteur, ceux notamment qui affectent la forme d'une raison sociale.

Il en est ainsi en Angleterre et aux États-Unis (2) particulièrement

---

(1) Même disposition dans la loi argentine, art. 37.

(2) Le principe, en Angleterre et aux États-Unis, est que le demandeur doit se présenter « les mains nettes ».

devant les Cours d'équité. En France, les auteurs n'ont point fait cette distinction qui cependant frappe quiconque est aux prises avec les réalités de la pratique. Ils enseignent en général que la loi de 1824 protège les pseudonymes et les noms imaginaires à l'égal des noms véritables (1).

Toutefois, la jurisprudence n'a pas consacré cette appréciation : elle s'est bornée à accorder l'action en concurrence déloyale (2).

Le pseudonyme n'a rien de blâmable s'il n'est pas un moyen de tromperie ; mais tout le monde sait que la protection que lui accorde la loi française a développé dans certaines branches de commerce des habitudes qui commencent à tourner contre ceux-là même qui s'y sont livrés sans en mesurer les conséquences. Les pseudonymes pompeux adoptés fréquemment en Champagne ont permis aux industriels d'Allemagne et d'Angleterre de détourner la clientèle en adoptant sans aucun risque des pseudonymes plus pompeux encore. C'est là une pratique périlleuse et peu louable, que la loi ne doit pas encourager.

II

Imprescriptibilité du nom commercial.

Le projet réalise l'un des *desiderata* les plus élevés du Congrès de Paris pour la propriété industrielle. On ne peut qu'approuver sans réserve la haute moralité de cette disposition : « La propriété du nom est imprescriptible. »

L'unanimité des auteurs n'a cessé de demander la proclamation de ce principe dans ses plus larges limites. Nous verrons bientôt les divers aspects de la question en ce qui concerne les étrangers ; nous ne voulons traiter ici que la thèse générale. Aussi la règle étant admise, faut-il envisager l'exception, c'est-à-dire les circonstances dans lesquelles le nom peut être employé par le public pour la désignation d'un produit.

Il semble, au premier abord, que ces deux propositions sont inconciliables, mais la contradiction n'est qu'apparente. Il peut se faire, en effet, que l'inventeur d'un produit ait vu un avantage à ce qu'il ne pût être désigné que sous son nom commercial ou même civil. Un désir de renommée, en certains cas, et dans d'autres, celui de rallier la clientèle qui s'attache naturellement à l'inventeur, peuvent être des causes déterminantes.

Le propriétaire de ce nom a voulu qu'il fût lié dans le langage habituel

---

(1) Voy. Calmels, p. 858 ; — Blanc (*Contrefaçon*, p. 717) ; — Rendu (*Traité des Marques de fabrique*), n° 391.

(2) Blanc est tombé à cet égard dans une erreur complète en citant l'exemple de la marque John Alberty. La vérité est qu'il y eut arrêt de non-lieu sur la poursuite pénale et condamnation seulement sur l'action en concurrence déloyale devant le Tribunal de commerce, puis devant la Cour.

à celui des produits de son invention. Plus tard il vient à se raviser ; on peut avec juste raison lui objecter qu'on ne saurait reprendre valablement ce qu'on a librement abandonné.

Mais, à part cette hypothèse, le fait que le public pourrait s'emparer du nom de l'inventeur, du propagateur ou même du simple fabricant, malgré lui, et simplement parce que ce serait plus commode, ce fait-là ne saurait être élevé au rang d'un droit, sous peine d'impliquer la destruction du principe de l'imprescriptibilité du nom. Un nom est une propriété dont on ne contestera pas la légitimité, et il dépendrait du bon plaisir du premier venu d'exproprier le titulaire sans juste et préalable indemnité, sous le seul prétexte que ce nom commercial est devenu dans l'usage une dénomination nécessaire ! L'équité s'oppose absolument à ce qu'il en soit ainsi. Si les tribunaux ont pu décider valablement que le breveté ne doit au domaine public que son invention à l'expiration des quinze ans, — à moins, bien entendu, d'abandon volontaire de son nom lors de la prise du brevet, — combien à plus forte raison l'inventeur non breveté qui, lui, n'a reçu de la société aucune faveur, ne lui doit-il que ce qu'elle aura pu deviner de son secret.

Admettons, répliquent nos adversaires, que l'imprescriptibilité du nom doive être poussée jusque-là ; mais toujours est-il qu'il doit être permis d'employer le nom de l'inventeur, du propagateur ou du préparateur en employant la formule *façon de....*, *comme....*, *procédé de.....*, *d'après.....*, *imité de.....* et autres formules de ce genre.

La loi du 22 germinal an XI a sagement proscrit l'artifice captieux dont il s'agit. De son côté, la jurisprudence a multiplié les applications du principe en lui-même. Si l'on supprimait cette prohibition, les noms les plus respectables pourraient servir impunément de tremplin à tous les saltimbanques de l'industrie. De son côté, le consommateur égaré par cette habile mise en scène ne saurait pas toujours si celui qui offre des produits fabriqués suivant le procédé de Primus n'est pas l'agent de Primus lui-même, fabriquant pour son compte et sous son contrôle. La suppression du principe de la loi de germinal donnerait lieu à des procès sans cesse renaissants dont la solution ne reposera plus sur aucun autre critérium que celui de l'imitation frauduleuse en général. Le législateur ouvrirait ainsi une porte de plus à l'arbitraire et reculerait de près de trois quarts de siècle. Aussi considérons-nous comme impossible l'abrogation pure et simple de la loi de germinal. Nous pensons, au contraire, qu'elle doit prendre place dans la loi et y être incorporée, en en étendant les termes conformément à la jurisprudence actuelle. Du reste, notre sentiment s'appuie sur les résolutions du Congrès de Paris qui a adopté à l'unanimité le principe de la loi de germinal inscrit dans le projet de codification que nous avons eu l'honneur de soumettre au Congrès et qui a été pris pour base de la délibération.

III

Droits des Étrangers.

Se borner à proclamer en thèse générale l'imprescriptibilité du nom ne trancherait pas suffisamment la question dans le cas où, un traité survenant entre deux nations, il se trouve que tel ou tel nom commercial jouissant d'un droit privatif, incontesté dans l'un des pays, est devenu banal dans l'autre par suite de l'impunité qu'assurait l'absence des traités.

Il est contraire à tous les principes d'attribuer une valeur acquisitive à la prescription, lorsqu'elle est dépourvue du caractère qui est sa raison d'être : *Contra non valentem agere non currit prescriptio.* La Cour suprême en a néanmoins décidé autrement, sur les conclusions conformes du procureur général Dupin. On est d'autant plus surpris de ce résultat que Dupin l'aîné, oubliant qu'il devait surtout en cette occasion se montrer jurisconsulte, n'avait trouvé d'autre argument qu'un vers latin d'une morale des plus décriées (*dolus an virtus, quis in hoste requirat?*), en prouvant, d'ailleurs, qu'il ignorait les premiers éléments du débat, car il parlait de la formalité du dépôt comme étant imposée au nom commercial par la loi de 1824, ce qui démontrait surabondamment qu'il ne l'avait pas lue. En réalité, son argumentation tendait uniquement à établir la légitimité de la course en matière de nom commercial.

C'est à l'aide de pareilles théories qu'on a dressé longtemps le commerce français à la fraude et qu'on aurait réussi à le pervertir, si sa droiture n'avait généralement répugné à ces funestes enseignements.

On pourrait objecter, à la vérité, que le temps où un procureur général à la Cour de cassation professait de si fatales doctrines est bien loin de nous. Les relations internationales se sont singulièrement développées en effet depuis lors ; le libre échange a abaissé les frontières ; les chemins de fer ont percé les monts ; les télégraphes ont multiplié à la dernière puissance l'intensité des rapports journaliers entre les commerçants placés aux points les plus éloignés du globe. Il semble donc que les rigueurs haineuses et les défiances surannées envers l'étranger devraient avoir fait place à des sentiments meilleurs, et en tout cas plus politiques. Malheureusement il n'en est rien. Nos Cours de justice en sont encore aux distinctions du *dolus bonus* et du *dolus malus*, ainsi que le prouve un arrêt de la Cour de cassation datant de quelques jours à peine (1).

---

(1) Rejet par la Cour de cass. du 13 janvier 1880 d'un pourvoi formé contre un arrêt de la Cour d'appel de Paris du 20 décembre 1878, confirmant, avec adoption des motifs, un jugement du Tribunal de commerce de la Seine, ainsi conçu :

« Attendu qu'il est établi aux débats que dès 1845 la raison sociale St-Beissel Ww. and Son, d'Aix-la-Chapelle, était employée d'une façon générale et courante dans le commerce des

En glissant sur une pareille pente, malgré les protestations de l'unanimité des auteurs, la jurisprudence causerait au pays, dans un avenir très prochain, de graves embarras diplomatiques, la désaffection ou même l'hostilité des peuples voisins et amènerait par dessus tout, à titre de représailles, la spoliation juridique des marques et raisons de commerce les plus estimées.

Il est donc urgent que le législateur mette fin à cette situation périlleuse. Le seul motif plus ou moins plausible de s'en tenir à la réciprocité diplomatique ne peut plus d'ailleurs être sérieusement allégué aujourd'hui. On dit qu'en proclamant l'imprescriptibilité du nom et le respect de cette propriété comme étant du droit des gens, on se prive d'un puissant levier à l'égard des peuples qui n'adoptent pas les mêmes principes. Il était peut-être permis de le croire avant les expériences faites en ce genre, notamment par la loi du 14 juillet 1819 sur l'abolition du droit d'aubaine, ou même encore avant le grand exemple que la France a donné, il y a près de trente ans, en matière de propriété littéraire; mais, comme l'a fait observer M. Clunet avec beaucoup de justesse dans la discussion qui a eu lieu au Congrès de Paris, jamais la France n'a obtenu plus de droits à l'étranger que depuis le jour où elle a reconnu sans condition, aux étrangers, tous les droits chez elle. Il y a en effet des obligations morales qui s'imposent et amènent une solution effective plus sûrement que ne pourrait le faire une coercition en réalité illusoire.

On admettra bien, en effet, que la menace par la France de ne pas protéger les marques des fabricants du Pérou, du Mexique ou de la Grèce, n'est guère faite pour intimider les gouvernements de ces pays absolument dépourvus d'industrie, mais qui, en revanche, sont pour notre commerce des débouchés avantageux.

Il n'y a évidemment, pour les amener à reconnaître les droits de propriété de nos exportateurs, qu'à stimuler le sentiment de dignité nationale en vertu duquel un peuple ne saurait assumer le rôle de corsaire quand l'ennemi a désarmé dans sa toute-puissance par un acte spontané dont il est impossible de méconnaître la grandeur.

C'est ce qu'avait admirablement compris le législateur de 1791. Mais cette conception grandiose réalisée plus tard par les nations voisines fut considérée comme trop large par les auteurs du Code civil; on adopta dans la première rédaction le principe de la réciprocité législative; mais le premier Consul, offusqué de ce restant de libéralisme, fit adopter, soutenu par Tronchet, la doctrine étroite qui nous régit encore aujourd'hui.

Mieux avisés, les Italiens, les Belges, les Anglais et les Américains ont déclaré imprescriptible la propriété du nom de l'étranger.

---

aiguilles en France, alors qu'aucun lien de réciprocité n'existait entre la France et l'Allemagne ; qu'il en résulte donc que dès cette époque cette raison sociale était tombée dans le domaine public en France; qu'il est constant que rien ne peut dessaisir le domaine public, une fois qu'il a acquis la propriété d'une chose; *qu'aucune convention ultérieure ne pouvait le faire.* »

L'article 3 du Code civil italien et l'art. 128 de la Constitution belge sont formels à cet égard. Ces textes sont en outre corroborés en Italie par l'art. 5 de la loi sur les marques de fabrique et en Belgique par la jurisprudence, admirablement formulée dans un arrêt de la Cour de cassation du 26 novembre 1876, où se trouve le considérant qui suit :

« Considérant que la propriété d'un nom commercial ou d'une raison de commerce constitue un droit qui, d'après l'art. 128 de la Constitution, doit être protégé dans la personne d'un étranger comme dans celle d'un régnicole (1). »

Mêmes dispositions libérales aux États-Unis, en Angleterre, au Canada, en Espagne, dans les Républiques Argentine et Orientale.

Il n'est pas inutile d'opposer ces précédents à ceux qui considéreraient la concession faite par le projet aux étrangers, comme aventureuse ou prématurée.

L'imprescriptibilité du nom commercial est donc une nécessité qui s'impose à la probité des nations, particulièrement à l'égard de l'étranger; mais, pour que les tribunaux l'appliquent dans toute son étendue, il est indispensable que la loi positive déclare que l'abus d'un nom commercial appartenant à un étranger antérieurement aux traités ou aux lois sur la matière, ne préjudicie pas aux droits de cet étranger. A ce prix seulement le respect du nom commercial sera complet et sincère.

C'est ce qu'a décidé depuis longtemps la Cour de cassation de Bruxelles (Gilbert contre Bénédictus, 20 juin 1865), et tout récemment (le sieur Grézier contre divers, 2 mars 1880), la Cour de cassation de Turin, en des termes qui font le plus grand honneur à la haute magistrature de ces deux pays. Malheureusement cette vue large et libérale des intérêts les plus élevés a besoin en France de la consécration législative.

La déclaration que le nom commercial ne peut tomber dans le domaine public appelait une autre déclaration que des circonstances récentes rendent urgente. Le projet édicte que le nom est distinct de la marque dans laquelle il peut figurer, ce qui revient à dire que la marque peut être tombée dans le domaine public sans que le nom commercial ait subi le même sort.

Il semble que l'évidence du fait en rende superflue l'affirmation législative, d'autant plus que la Cour de cassation s'est prononcée depuis longtemps en ce sens. Elle s'exprimait ainsi, en effet, le 10 mars 1864 (Leroy contre Calmels) :

« Attendu que si l'usurpation du nom d'un fabricant n'est *jamais* un acte licite, il n'en saurait être de même de l'usage d'un signe non personnel que le fabricant aurait volontairement abandonné à la généralité des commerçants. »

---

(1) Commentaire sur la loi belge relative aux marques de fabrique, par M. de Ro, avocat à Bruxelles, p. 138. Bruxelles, Bruylant, Christophe et Cᵉ, éditeurs.

Malheureusement rien n'offre moins de garanties que la jurisprudence quand un texte précis ne la commande pas. Nous n'en voulons d'autre preuve qu'un arrêt rendu le 13 janvier 1880, absolument en sens contraire par cette même Cour (1).

Il est vrai que cet arrêt, curieux à plus d'un titre, proclame, — chose bien inattendue, — que si le nom auquel on refuse toute protection avait été employé en dehors de l'étiquette, il aurait été protégé en France par le « *droit des gens ! ! !* » tandis que les arrêts Rowland, Warton et Lanmann et Kemp rendus par la même Cour ont proclamé hautement que l'étranger n'a en France, en vertu du droit des gens, absolument aucune action, même celle qui résulte de l'art. 1382.

Il faut conclure de ces incroyables contradictions qu'une injonction législative est devenue nécessaire, autant pour la dignité des tribunaux que pour la sécurité des plaideurs.

IV

De l'enregistrement des dénominations commerciales.

La *dénomination commerciale* étant définie, et la protection qui lui est due étant affirmée, se présente la grave question de savoir si cette protection ne doit impliquer, de la part de l'ayant droit, aucune formalité soit à son profit, soit à celui des tiers.

Le projet se prononce pour la négative ; mais il permis de croire qu'en raison des intérêts complexes qui se trouvent en présence, cette question ne sera pas tranchée sans débat.

Le grand argument que donnent les auteurs français, notamment, c'est qu'il est absolument superflu de notifier au public qu'on entend se réserver la propriété exclusive de son nom.

Ce raisonnement est séduisant et au premier abord on serait tenté de le tenir pour concluant ; mais un examen approfondi démontre, d'une part, qu'il n'est que spécieux et que surtout la question n'est pas aussi simple qu'on pourrait le supposer avant d'en avoir envisagé tous les aspects.

Les législations des autres peuples sont loin, en effet, d'être uniformes à cet égard. Dans bon nombre de pays, notamment en Allemagne, en Autriche, dans plusieurs cantons suisses, etc., etc., l'obligation de l'enregistrement est imposée aux raisons de commerce sous diverses formes et dans des conditions variables. Le but du législateur est, dans cet ordre d'idées, de protéger les droits acquis d'une maison de commerce, de la mettre à même de les faire respecter préventivement et, en outre, d'assurer le nouveau-venu de bonne foi contre l'éventualité de revendi-

---

(1) Voy. arrêt Beissel, *suprà.*

cations dont lui-même ne pourra contester l'équité, tout en en subissant les conséquences ruineuses.

Dans l'état actuel des choses en France, la publicité n'est obligatoire, pour la libre conservation d'une raison de commerce, que dans le cas où elle dérive de l'une des formes de société où la loi a imposé la dite publication. Et cependant les motifs d'étendre cette mesure en la perfectionnant sont journellement mis en lumière par la pratique.

Il est de jurisprudence devant les Cours de justice françaises qu'un commerçant commet un acte de concurrence, illicite tout au moins, en adoptant, lorsqu'il trafique en matière de produits similaires, le même nom commercial ou la même raison de commerce qu'une maison déjà existante. Et cependant rien dans la loi ne défend de faire ce que défend la jurisprudence ; situation juridique détestable, en ce qu'elle est une source intarissable de procès. Ne serait-il pas préférable de les prévenir, comme cela se fait à la satisfaction générale, là où la question est réglée par des textes législatifs ?

Sans doute l'obligation de la publication de toute raison de commerce n'obvierait pas, à elle seule, à l'inconvénient signalé, même avec injonction légale de différencier sa raison de commerce de celles qui pourraient exister déjà ; mais il est facile de comprendre que l'imitateur étant certain d'être arrêté, dès le début, par une opposition, ne s'exposera pas à une lutte sans espoir de succès, et aussi sans intérêt, car à ce moment il n'a aucun bénéfice à recueillir de sa fraude. D'autre part, le véritable titulaire de la raison de commerce enregistrée, n'aura, par les mêmes raisons, à souffrir aucun dommage sérieux d'une concurrence dont l'auteur l'a forcément avisé avant toute entrée en campagne.

Enfin, l'hypothèse si fréquente où des négociants portant le même nom ont adopté sans le savoir la même raison sociale, ne peut plus se présenter avec l'obligation de l'enregistrement dans une feuille centrale.

Et qu'on n'objecte pas les difficultés d'exécution, car il suffirait de répondre par l'exemple de l'Allemagne, État fédératif où le particularisme a de profondes racines, et où cependant toutes les *firmes* sont publiées dans le *Central Handels Register*. Si la chose est possible en Allemagne, il est superflu d'ajouter qu'elle est facile en France, où la publication dont il s'agit prendrait place tout naturellement dans la feuille de la propriété industrielle dont la création s'impose à tel point qu'on peut considérer cette question comme voisine de sa mise à exécution.

Sans doute le système pratiqué en Suisse, en Allemagne et en Autriche demande une révision, imminente d'ailleurs en ces pays, mais les résultats obtenus dans le district donnent une idée de ce qu'ils seront chez une nation dont l'unité administrative est proverbiale.

Nous ne donnons point comme modèles à copier servilement les prescriptions existantes dans les pays voisins. Nous demandons qu'on réalise en France l'ensemble des améliorations pratiquées ou signalées ailleurs; mais la meilleure preuve que l'enregistrement des noms et des raisons de commerce est une mesure utile, c'est que, chez les nations où ce régime est en vigueur, personne ne voudrait le voir détruire. Tout le monde, en revanche, en réclame le développement.

V

Transmission du nom et de la raison de commerce.

Le projet se borne (art. 5) à établir que le nom et la raison de commerce ne pourront être aliénés indépendamment du fonds. C'est là une prescription très-sage qui résulte de la jurisprudence et qu'il est urgent de faire passer dans la loi positive; mais les problèmes que soulève la transmission sont-ils par là complétement réglés? On ne saurait le soutenir en présence des questions multiples et sans cesse renaissantes que, même en principe, nos cours de justice résolvent d'un jour à l'autre en sens inverse.

Nous allons résumer les principales sur le point doctrinal, absolument indépendant ici des détails d'espèce.

Dans le silence du contrat de cession, le cessionnaire a-t-il le droit de conserver le nom de son prédécesseur? Dans quelles conditions? Pendant combien de temps? Et, même alors que les parties conviennent que le nom commercial est cédé avec le fonds, cette concession ne peut-elle pas être annulée pour des motifs d'ordre public?

On conçoit combien de litiges fait naître le silence de la loi en présence d'intérêts si multiples agités à chaque transmission d'un établissement de commerce, d'industrie ou d'agriculture? En l'absence de tout critérium, faut-il s'étonner que la jurisprudence présente le spectacle des plus incohérentes contradictions? Nous pourrions multiplier les jugements et arrêts jugeant les mêmes cas en sens absolument contraire. Nous nous bornerons aux suivants, qui ont posé la question au point de vue purement doctrinal et qui, à ce titre, méritent une particulière attention...

Le Tribunal de commerce de la Seine s'exprime ainsi :

« Attendu qu'un nom de famille est une propriété imprescriptible qui ne peut être transmise que de la volonté même de ceux qui ont le droit de le porter; que si, pendant de longues années, les héritiers Riche ont toléré que leur nom servît d'enseigne à l'établissement dont s'agit, ils ont parfaitement le droit de faire cesser cette tolérance et d'en demander la suppression (1). »

A quoi la Cour de Paris, infirmant, répond :

« Considérant que le café appartenant à Garen, a été ouvert sous la déno-

---

(1) Pataille, t. V, p. 93.

mination de *Café Riche,* et exploité depuis plus de soixante ans sous cette dénomination ;

« Qu'il résulte des pièces et documents produits par les intéressés que le fonds a été transmis avec cette enseigne, d'abord par la veuve Riche en son nom et au nom des intéressés, ses fils, à Barbey-Duclos ; ensuite par la faillite Barbey-Duclos, après les publications et dans les formes légales, aux prédécesseurs de Garen ; que les acquéreurs successifs de ce fonds de commerce ont toujours joui des avantages inhérents à la dénomination primitive, sans opposition de la veuve Riche ou de ses enfants ; qu'il s'ensuit avec évidence que l'enseigne dont s'agit a été virtuellement comprise dans la première vente de la veuve Riche à Barbey-Duclos et dans les ventes ultérieures ; émendant, décharge l'appelant des condamnations contre lui prononcées ; déboute les frères Riche, etc. (1). »

La Cour de Nancy, de son côté, s'exprime ainsi :

« Attendu que le nom commercial est essentiellement distinct du nom patronymique ou de famille ; que le premier, qui a une valeur effective, tient à l'établissement et à son achalandage et se perpétue avec lui ; qu'il se transmet avec la clientèle et passe conséquemment avec la fortune du décédé aux mains de ses héritiers ou ayants cause (2). »

De son côté, la Cour de Bordeaux décide en sens absolument contraire dans les termes suivants :

« Attendu que la raison sociale d'une maison commerciale n'est susceptible d'aucune transmission ; que les successeurs ou les héritiers du négociant n'y peuvent prétendre droit, alors même qu'elle leur aurait été expressément cédée ou léguée par leur auteur ;

« Qu'en effet, l'art. 21 du Code de commerce dispose que le nom seul des associés peut figurer dans la raison sociale ; que le législateur a donc proscrit l'usage de noms qui ne seraient pas ceux des associés ; qu'il n'a pas voulu que le public pût être trompé par de fausses apparences et être entraîné, par un nom honorablement connu, à accorder un crédit qu'il aurait refusé si la situation vraie lui eût été dévoilée (3). »

Il serait sans utilité de multiplier les citations de ce genre. Celles qu'on vient de lire suffisent pour prouver l'état d'anarchie juridique dans lequel s'agitent les malheureux justiciables. Il est donc indispensable qu'une réglementation intervienne.

Le premier point à prendre en considération, c'est que, dans la plupart des cas, la cession du fonds sans la cession du nom ou de la raison de commerce, ne peut se faire que dans des conditions désastreuses. Aussi, malgré les textes formels de la loi, dans tous les pays où elle n'a pas sau-

---

(1) Pataillé, t. V, p. 93. Héritiers Riche contre Garen (29 décembre 1858).

(2) Pataille, t. V, p. 94. Lemoine contre Comond (22 février 1859).

(3) Pataille, t. XXI, p. 291. Vignon contre Broquère (18 janvier 1875).

vegardé la propriété du vendeur, en France, en Italie, par exemple, la force des choses l'a-t-elle emporté sur les prescriptions légales. Les exigences du commerce sont telles, que les grandes maisons changent souvent de mains trois ou quatre fois, sans que le nom commercial, qui seul rallie la clientèle, subisse la moindre modification. Bien plus, les successeurs continuent d'ordinaire à signer de la raison sociale de leurs prédécesseurs pendant plusieurs générations. Des transactions énormes se font dans ces conditions. Des lettres de change sont tirées ou endossées. Enfin les tribunaux de commerce, fermant les yeux sur ces irrégularités, rendent des jugements dans lesquels sont admises, soit pour demander, soit pour défendre, des raisons sociales ayant appartenu à des individus décédés depuis plus d'un demi-siècle !

Dans nos grandes villes industrielles, le cas est des plus fréquents. En Italie, il est général, bien que dans la Péninsule la loi soit aussi précise qu'en France. Les Cours de justice sont impuissantes à empêcher cette infraction, et passent outre. En Allemagne, elle était devenue tellement universelle, que le pouvoir législatif a préféré régulariser cette pratique, ayant reconnu l'impossibilité de l'extirper, et faire cesser ainsi un état d'anarchie commerciale très-périlleux. C'est la réglementation de cet état de choses qu'on a appelé la loi des *firmes*.

Aux termes de cette législation, le nom et la raison de commerce peuvent être transmis indéfiniment, si le cédant y a consenti(1) ; mais, afin que les tiers ne puissent être induits en erreur, le cessionnaire est tenu, sous peine de perte de ses droits, de faire enregistrer et publier la mutation dans une partie spéciale de la feuille officielle (2).

Depuis l'organisation de la transmission sur ces bases, il ne paraît pas qu'il se soit produit aucun abus. Il faut ajouter que ce système est admirablement propre à faciliter la constitution de grandes maisons, dont l'avenir est inséparable du passé, et dont le principal intérêt est de maintenir les traditions qui ont fait le succès de l'établissement commercial.

En Allemagne, la personnification du nom commercial est telle que le successeur, après avoir rempli les formalités voulues de publication, signe ses écritures, — et cela très-légalement, — du nom de son prédécesseur.

Les théoriciens objectent qu'une famille est ainsi exposée indéfiniment à voir son nom impliqué dans une faillite ou tout autre événement commercial fâcheux. Mais n'en est-il pas de même en France, si le commerçant cède sa maison à un parent du même nom, à un fils ou même à un simple homonyme? Est-ce que les collatéraux ne sont pas exposés aux désagréments dont on veut se faire un épouvantail? Pense-t-on que le cessionnaire d'un nom commercial, dont l'apport entre souvent pour une très-forte somme dans le prix du fonds, ira bénévolement au-devant

---

(2) Code de commerce allemand, art. 24.
(1) Code de commerce allemand, art. 25.

d'une faillite, par cela seul qu'il n'est pas uniquement en nom? C'est perdre de vue, d'ailleurs, que la faillite sera prononcée moins encore sur la raison de commerce cédée que sur le cessionnaire, lequel doit se faire inscrire sur le registre du commerce comme propriétaire de la raison de commerce et faire publier cette insertion, ainsi que nous l'avons déjà dit.

Au reste, si le législateur français ne voulait pas aller aussi loin que le législateur allemand, il aurait encore une propriété très-considérable à consolider, celle qui constitue la marque commerciale après vente du fonds. Qu'arrive-t-il, en effet, en France en pareil cas? Un négociant, Primus, vend son fonds à Secundus, en l'autorisant à se servir de sa marque, laquelle se compose exclusivement de son nom qu'il a réussi à entourer, par son travail et sa probité, d'une notoriété légitime, chiffrable en espèces sonnantes, car elle représente une clientèle uniquement attachée à ce nom. Le marché est conclu et exécuté loyalement. Primus meurt. Secundus vient aussi à décéder et cède son établissement dont la réputation s'est encore accrue, à Tertius, avec la clause formelle que la marque Primus fait partie de la vente. Mais, quelques années après, un héritier du nom de Primus, se dit qu'il y aurait peut-être grand profit pour lui à sommer Tertius de cesser l'emploi du nom de Primus; que le dit Tertius, pour lequel cette cessation serait une ruine, consentira vraisemblablement à payer une rançon. Un chantage odieux peut se perpétuer ainsi, très-souvent à l'insu de la justice. Admettons, toutefois, que l'héritier du nom de Primus ne médite aucune extorsion, mais ait seulement la prétention de rentrer dans la possession exclusive du nom porté par son ancêtre. L'action s'engage; les Tribunaux rendent des sentences contraires; mais il est rare qu'en fin de compte Tertius ne soit pas condamné à la suppression, même sans recours contre son vendeur immédiat, s'il y a eu plusieurs transmissions successives. Il se commet ainsi, évidemment, une iniquité juridique, dont le résultat le plus clair est de priver le commerçant qui a réussi à grouper une clientèle autour de son nom, du bénéfice de cette situation honorable entre toutes, et cela sans profit pour personne. De l'exposé qui vient d'être fait, il nous semble difficile de ne pas conclure qu'il y a lieu de reconnaître *tout au moins* au négociant le droit de céder valablement son nom *comme marque ou enseigne* en même temps que le fonds, de telle sorte que la marque ou l'enseigne soit assurée d'une existence aussi longue que le fonds.

VI

Apposition illicite du nom du vendeur sur le produit vendu.

La prescription inscrite dans l'art. 7 est une innovation de grande portée, destinée à mettre fin à des fraudes qui amoindrissent considérablement la valeur de la dénomination commerciale comme marque, que cette dénomination soit une raison de commerce ou la désignation de fantaisie d'un produit, régulièrement déposée. Le fraudeur achète un fût de liquide portant comme marque une dénomination commerciale ; puis, sur une quantité innombrable de bouteilles, il appose la dénomination adoptée par son vendeur, sans imiter, bien entendu, — ce qui lui est inutile pour le débit de ses marchandises, — l'étiquette elle-même du producteur. S'il y a procès, il prouve qu'il est acheteur. Si le vendeur ne prouve pas, ce qui, du reste, est à peu près impossible, que le liquide n'est pas celui qu'il a vendu, il demeure sans action. Ainsi décidé par arrêt de la Cour de Caen du   , très-longuement motivé.

Si le fabricant, renonçant à vendre en fûts, ne vend plus qu'en bouteilles, le fraudeur arrivera tout aussi facilement au résultat désiré en vendant en demi-bouteilles ou en quarts de bouteilles.

L'art. 7 met obstacle à cette tromperie, insaisissable dans les circons-tances ordinaires, en présence de la législation actuelle. Cette amélioration constitue donc un très-grand progrès.

VII

Du droit d'action.

L'art. 15 constitue également un progrès considérable ; mais il est permis de dire que, dans la rédaction qui lui a été donnée, il n'atteindrait que très-imparfaitement le but désiré.

En réalité, l'article a surtout pour objet de donner une action à l'acheteur trompé par une marque contrefaite ; mais, en s'en tenant au texte de l'art. 15, l'acheteur devrait prouver le préjudice, ce qui l'entraînerait à des procès sans fin, appuyés sur des expertises coûteuses, enfin à un déploiement de forces et à des pertes de temps, en disproportion complète avec l'importance de l'achat. Il faut convenir d'ailleurs que, dans ces conditions, il n'y aurait d'innovation d'aucune sorte, mais purement et simplement l'application du droit commun. Ce qu'ont voulu les promo-teurs de cette innovation, c'est mettre entre les mains du consommateur une arme semblable à celle que les lois de 1824 et de l'an XI mettent entre les mains du fabricant. S'il s'agissait, pour le fabricant, de prouver le préjudice qu'il a souffert, il serait le plus ordinairement désarmé, car ce préjudice ne peut presque jamais être prouvé, si évident qu'il soit. La loi, pour être efficace, doit se borner à ceci : la seule preuve qui incombe à l'acheteur est la preuve de la contrefaçon. Les seuls moyens de défense du délinquant ne sauraient consister qu'en ceci : prouver que l'acheteur n'a pas été trompé et a entendu acheter une contrefaçon, ou, — si le défendeur est un simple débitant, — qu'il a été trompé lui-même par celui qui lui a vendu la marchandise.

Hors de ces garanties, l'action concédée à l'acheteur serait illusoire.

Du reste, la question posée en ces termes n'est pas nouvelle. S'associant à l'erreur commise par l'Exposé des motifs du gouvernement, le rapporteur de la loi de 1857 sur les marques de fabrique l'a abordée nettement; mais on demeure confondu en voyant qu'il ne s'est trouvé personne dans une assemblée de législateurs pour relever, comme il convenait, les arguments à l'aide desquels M. Busson a prétendu démontrer l'inutilité d'une pareille prescription. Le rapporteur a allégué qu'il serait superflu d'attribuer à l'acheteur une action spéciale pour tromperie sur l'authenticité de la marque, attendu que l'art. 423 du Code pénal, relatif à la tromperie sur la nature de la chose vendue, atteint complétement ce genre de fraude. Le Corps législatif s'en est rapporté à cette déclaration, mais tous ceux qui ont suivi la jurisprudence à cet égard savent le cas que les tribunaux ont fait de l'affirmation de M. Busson. On citerait à peine quatre ou cinq espèces, depuis vingt ans, dans lesquelles il ait été tenu compte, dans une certaine mesure, de l'interprétation de l'art. 423, sous le bénéfice de laquelle le Corps législatif a repoussé comme inutile tout texte assurant une action à l'acheteur victime d'une contrefaçon.

Il est donc indispensable, sous peine de revenir sur un progrès considéré, en 1857, — à tort il est vrai, — comme accompli, de préciser la nature de l'action qu'on entend assurer à l'acheteur. C'est ce qui a été fait depuis longtemps par diverses législations, parmi lesquelles il nous suffira de citer le Code de commerce allemand (art. 347), le Code pénal belge (art. 498), le droit coutumier en Angleterre, les lois sur les marques et raisons de commerce de la République orientale (art. 36).

VIII

De la juridiction.

Le projet adopte la juridiction commerciale lorsque le litige s'élève entre commerçants. Nous croyons que c'est là une solution fâcheuse. Le commerçant peut être un très-mauvais juge en cette matière. D'abord, les entraînements de la concurrence, inhérents à tout négoce, le prédisposent mal à la saine appréciation de faits que peut seul considérer avec sérénité le magistrat étranger aux impérieuses exigences des affaires. Et puis, il faut bien le reconnaître, si des jurisconsultes rompus aux difficultés du droit éprouvent de réelles incertitudes en présence de ces questions qui soulèvent les problèmes les plus ardus, comment admettre qu'un négociant, auquel les études spéciales font complètement défaut, puisse les résoudre avec sécurité pour le justiciable?

Bien plus : les traités ont donné aux étrangers des droits qui impliquent souvent pour le Tribunal une appréciation très-délicate des législations étrangères; par exemple, s'il s'agit de se prononcer sur la recevabilité d'une action intentée par un étranger dont la nation accorde la réciprocité résultant de la loi, tout en refusant de se lier par des traités.

D'autre part, des conventions avec certains pays ont établi que la marque de l'étranger, — et la marque nominale est évidemment comprise dans la convention, — sera appréciée conformément à la loi de cet étranger. Le juge consulaire, très-compétent à coup sûr en matière de faillite, de protêt, ne sera-t-il pas le premier à s'en remettre à des tiers du soin de le guider sur un terrain qui lui est si complétement inconnu? Personne n'oserait prétendre le contraire. Confier à un magistrat nécessairement dépourvu de tout moyen de trouver sa voie en un pareil labyrinthe d'intérêts qui souvent prennent leur source dans une interprétation très-périlleuse des traités diplomatiques, n'est-ce pas donner beaucoup au hasard dans une matière exigeant tant de science et de circonspection?

<h2 style="text-align:center">IX</h2>

<h3 style="text-align:center">Procédure.</h3>

Le projet renvoie à la loi de 1857 sur les marques de fabrique pour la plupart des dispositions relatives à la procédure. Nous ne saurions trop le regretter. Outre que la loi y perd en clarté, ce qui est un défaut très-grand pour une œuvre destinée à une catégorie de justiciables dont les moments sont précieux et dont l'instruction juridique est extrêmement sommaire, cette complication a le tort bien plus grave de lier le sort d'une loi qui, il faut l'espérer, n'aura pas à être retouchée de longtemps, à celui de la loi de 1857 sur les marques de fabrique, dans laquelle on est unanime à reconnaître des lacunes qui vont nécessiter des remaniements profonds. Il s'ensuit qu'à la suite de cette révision vraisemblablement prochaine, il faudra absolument réviser la réglementation dont il s'agit ici, et cela quelques mois peut-être à peine après sa mise à exécution.

Frappé des inconvénients que présentent ces renvois d'une loi à une autre en dehors d'un *corpus juris* conçu sur un plan déterminé comme les Codes français, le Congrès de la propriété industrielle a émis le vœu, à l'unanimité, que toute loi sur la matière formât une codification distincte et complète, se suffisant à elle-même. Le négociant auquel on confère des droits, mais auquel aussi on impose des responsabilités, a besoin de se rendre compte facilement des uns et des autres. Il est bon que nul ne soit censé ignorer la loi, mais il est mieux que, en réalité, nul ne l'ignore.

<h2 style="text-align:center">RÉSUMÉ</h2>

La proposition de loi sur le nom et la raison de commerce déposée par l'honorable M. Bozérian contient, sur l'état présent des choses, des progrès inappréciables.

L'éminent juriste qui a dirigé les délibérations du Congrès de Paris avec tant d'autorité, était sans nul doute désigné naturellement pour une telle initiative ; mais le pays, qui a abrité les délégués de l'industrie et de la science juridique de toutes les nations, venus en foule pour assister aux grandes assises du Congrès, se doit à lui-même, en entreprenant de réglementer la branche la plus importante de la propriété industrielle, de faire une œuvre modèle, réunissant toutes les améliorations définitivement réalisées, soit par la loi, soit par la jurisprudence, sur n'importe quel point du globe.

Le Président des Comités consultatifs de législation,
*Conseil judiciaire de l'*UNION DES FABRICANTS,

Cte DE MAILLARD DE MARAFY.

EXAMEN

DE LA PROPOSITION DE LOI DE M. J. BOZÉRIAN, SÉNATEUR

SUR

L'USURPATION DES MÉDAILLES ET RÉCOMPENSES INDUSTRIELLES

L'honorable M. Bozérian, se faisant l'interprète d'une pensée moralisatrice dont *l'Union des Fabricants* tient à honneur d'avoir pris l'initiative par une pétition à la Chambre des députés, déposée en 1876, a annexé à la proposition de loi sur le nom commercial une autre proposition sur les récompenses industrielles. *L'Union des Fabricants* pense, avec la plupart des intéressés, croyons-nous, que ces deux matières gagneraient à être codifiées séparément. Il existe, en effet, des différences sensibles dans les provisions législatives à édicter, soit quant à la communication au public, soit quant à la procédure. Ces différences ressortiront d'elles-mêmes au cours des considérations qui vont suivre.

Du reste, la Société n'a pas à se livrer à une nouvelle étude de la question, aucun élément nouveau de discussion n'ayant été introduit dans le débat. Sa ligne de conduite est toute tracée : elle ne peut que s'en référer à l'Exposé des motifs et à l'avant-projet qui accompagnaient sa pétition, ces documents ayant été renvoyés, par ordre de la Chambre, aux ministres du commerce et de la justice, par les motifs suivants, dont le principal conserve toute son actualité :

« *Motifs de la Commission.* — En demandant que les droits de l'industrie et des arts soient protégés par une législation qui assure à chacun son bien, MM. les Administrateurs de *l'Union des Fabricants* de Paris prennent une initiative d'autant plus méritoire que la double circonstance des traités de commerce à renouveler et la future Exposition, rendent tout à fait opportune et urgente la préparation d'une loi sur la matière. »

(*Journal Officiel*, 3 mars 1877 ; M. Cherpin, rapporteur.)

Depuis lors, le travail dont il s'agit a été renvoyé à l'examen du Comité du contentieux de l'Exposition universelle qui l'a mis à l'étude.

Enfin, le Congrès de la propriété industrielle a eu à se prononcer sur la question de principe, et l'a résolue dans le sens de la pétition.

Il ne nous reste donc qu'à reproduire cette pétition.

PÉTITION

Adressée à M. le Président et à MM. les Membres de la Chambre des Députés par l'UNION DES FABRICANTS touchant l'usurpation des récompenses accordées par l'État, principalement à l'occasion des Expositions universelles.

Monsieur le Président,
Messieurs les Députés,

Les soussignés, membres du Conseil d'administration de l'Union des Fabricants *pour la protection internationale de la propriété industrielle et artistique et la répression de la contrefaçon*, ont l'honneur d'appeler votre haute attention sur l'absence, dans la législation et les traités, de toute mention assurant aux intéressés une protection sérieuse contre l'usurpation des récompenses décernées dans les concours industriels auxquels préside l'autorité publique.

Au moment où les plus grands efforts vont se produire dans tous les pays du monde, en vue de la future Exposition universelle, il semble indispensable qu'une loi soit édictée pour garantir les droits de l'État aussi bien que ceux des lauréats et du consommateur.

Une circonstance particulière impose, en outre, impérieusement l'urgence d'une solution. C'est la clôture imminente des négociations relatives aux traités de commerce élaborés avec les diverses puissances. Si l'état de notre législation permettait à nos plénipotentiaires de proposer l'introduction, dans les conventions en cours, d'une clause réglant la question en matière internationale, il est extrêmement vraisemblable qu'une pareille suggestion recevrait de toutes parts l'accueil le plus sympathique.

Les soussignés ont l'honneur,

Monsieur le Président,
Messieurs les Députés,

de recommander à votre sollicitude l'adoption d'urgence du projet de loi ci-annexé, préparé par le Conseil judiciaire de *l'Union des Fabricants*, avec Exposé des motifs à l'appui.

Les soussignés ont la confiance d'être les interprètes du commerce tout entier, en disant que la réalisation de la mesure dont ils prennent ici l'initiative, donnerait aux exposants un grand sentiment de sécurité,

rehausserait le prix des futures récompenses et attribuerait d'une façon
spéciale son véritable caractère à l'hospitalité que la France va bientôt
offrir aux autres nations.

Fait au siége de la Société, 44, rue de Rennes, le 5 mai 1876.

Les Membres du Conseil d'administration
*de l'*UNION DES FABRICANTS :

(Suivent les signatures.)

PROPOSITION DE LOI

Sur l'usurpation des récompenses ou attestations délivrées dans les concours
officiels d'industrie, de science ou d'art.

ARTICLE PREMIER.

Seront considérées comme récompenses ou attestations protégées par
la présente loi, celles qui auront été inscrites, à la requête des intéressés,
sur un registre ouvert à cet effet au Conservatoire des arts et métiers.

Seront inscrites les récompenses ou attestations délivrées, à l'occasion
de concours d'industrie, d'agriculture, de science ou d'art, par l'État ou
les corps constitués reconnus par lui et autorisés à cet effet.

L'inscription aura lieu sur la seule exhibition du diplôme, dûment légalisé, délivré par l'autorité compétente, suivant le tarif porté en l'article 4
de la loi du 23 juin 1857, sur les marques de fabrique. Elle devra être
renouvelée en cas de mutation dans la propriété de l'entreprise à l'occasion de laquelle il y a eu récompense ou attestation officielles, à moins
que ladite mutation n'ait lieu à la suite de faillite, auquel cas la radiation
peut être requise par l'une quelconque des parties mentionnées en l'art. 9.

L'inscription et l'utilisation industrielle desdites récompenses ou attestations ne pourront avoir lieu valablement indépendamment de l'entreprise qui y a donné lieu et en dehors des cas de mutation réservés au
paragraphe précédent.

Toute inscription faite, en vertu de la présente loi, au registre du
Conservatoire pourra être radiée soit à la requête du ministère public,
soit à celle de l'une des parties intéressées mentionnées en l'art. 9, en cas
d'infraction à l'une quelconque des prescriptions portées au présent

article. La sentence de radiation sera transcrite en marge du registre sur le folio duquel aura été inscrite l'obtention de la récompense ou attestation et sera, en outre, publiée au *Journal officiel.*

ART. 2.

Sera puni d'un emprisonnement de six mois à deux ans, même en l'absence de tout préjudice causé à un tiers :

1° Celui qui se sera attribué indûment et publiquement l'une des récompenses ou attestations délivrées par l'autorité publique ou ses représentants à l'occasion d'un concours d'industrie, de science ou d'art, où par un corps constitué reconnu par l'État et dûment autorisé à cet effet ;

2° Celui qui se sera attribué indûment et publiquement une récompense ou attestation autre que celle qu'il a obtenue, ou pour un genre d'industrie autre que celui pour laquelle ladite récompense ou attestation a été délivrée, ou qui prétendra avoir seul obtenu une récompense ou attestation qui, en réalité, aurait été décernée concurremment à plusieurs lauréats ;

3° Celui qui, à l'aide de manœuvres ou imitations frauduleuses de nature à tromper un tiers inattentif ou illettré, aura indûment cherché à se faire considérer comme titulaire de l'une des récompenses ou attestations protégées par la présente loi ;

4° Celui qui sciemment aura détenu, mis en vente ou vendu, mis en circulation ou introduit de l'étranger des produits de l'industrie ou de l'art portant indûment indication de récompenses ou attestations protégées par la présente loi, ou qui aura sciemment concouru à la perpétration de tout ou partie des délits y mentionnés ;

5° Celui qui ayant, sans fraude, détenu, mis en vente ou vendu l'un quelconque des produits de l'industrie ou de l'art revêtus d'indications délictueuses, comme il est spécifié aux paragraphes précédents, aura refusé de fournir à qui de droit, par acte extrajudiciaire, après en avoir été requis par ministère d'huissier, et ce, dans les quarante-huit heures, à moins que le juge des référés n'ait imparti un plus long délai, le nom et l'adresse de celui ou de ceux qui lui ont vendu ou procuré lesdites marchandises, le prix, l'époque de livraison et toutes autres circonstances propres à faciliter la poursuite des auteurs ou complices du délit.

ART. 3.

La peine sera élevée au double en cas de récidive.

Il y a récidive lorsqu'il a été prononcé contre le prévenu, dans les cinq années antérieures, une condamnation pour l'un des délits prévus par la présente loi.

Art. 4.

Si l'auteur de l'un quelconque des actes mentionnés au § 4 et 5 de l'article 1er est reconnu avoir agi de bonne foi, il ne sera tenu qu'aux dommages-intérêts s'il y a constitution de partie civile.

La preuve de la bonne foi est à la charge de l'inculpé,

Art. 5.

En cas de condamnation correctionnelle, la publication du jugement aux frais du condamné dans le *Journal officiel*, et en outre, s'il y a partie civile, dans une autre feuile au choix de cette dernière, sera de droit.

Le Tribunal pourra ordonner la publication dans un plus grand nombre de journaux et l'affichage suivant telle forme et en tel lieu qu'il désignera.

Art. 6.

La confiscation des produits revêtus des mentions portées aux articles précédents peut, même en cas d'acquittement, être prononcée par le Tribunal, ainsi que celle des instruments ou ustensiles ayant spécialement servi à commettre ce délit.

Le Tribunal peut ordonner que les produits confisqués soient remis au légitime lauréat, indépendamment de plus amples dommages-intérêts, s'il y a lieu.

Il prescrit dans tous les cas la destruction des mentions reconnues contraires aux dispositions de l'art. 2.

Juridiction.

Art. 7.

Les actions relatives aux récompenses visées en l'article 1er sont jugées comme matières correctionnelles, sauf le cas prévu au § 1 de l'article 4.

Art. 8.

En cas d'action intentée par voie correctionnelle, si le prévenu soulève pour sa défense des questions relatives à la propriété de la récompense ou attestation, le Tribunal de police correctionnelle statue sur l'exception.

Art. 9.

L'usurpation des récompenses ou attestations mentionnées en l'article 1er est passible de l'action publique. En outre, les actions tant civiles que correctionnelles, y relatives, peuvent être intentées, soit par le fabricant ou vendeur de produits similaires, soit par l'acheteur d'un produit portant indûment indication desdites récompenses ou attestations.

Art. 10.

L'un quelconque des ayants droit, mentionnés en l'article précédent, peut faire procéder par tous huissiers, assistés d'un commissaire de police, à la description détaillée, avec ou sans saisie, des objets portant sciemment mention des récompenses spécifiées en l'article 2, et généralement de tous écrits propres à la manifestation de la vérité, en vertu d'une ordonnance du Président du Tribunal civil de première instance ou du Juge de paix du canton, à défaut de Tribunal dans le lieu où se trouvent les objets à décrire ou à saisir.

L'ordonnance est rendue sur simple requête et sur la présentation du procès-verbal d'inscription délivré par le Conservatoire des arts et métiers. Elle contient, s'il y a lieu, la nomination d'un expert pour aider l'huissier dans sa description.

Lorsque la saisie est requise, le juge peut exiger du requérant un cautionnement qu'il est tenu de consigner avant de faire procéder à la saisie.

Il est laissé copie aux détenteurs des objets décrits ou saisis, de l'ordonnance et de l'acte constatant le dépôt du cautionnement le cas échéant; le tout à peine de nullité et de dommages-intérêts contre l'huissier.

Art. 11.

A défaut par le requérant de s'être pourvu, soit par la voie civile, soit par la voie correctionnelle, dans le délai de quinzaine, outre un jour par cinq myriamètres de distance entre le lieu où se trouvent les objets décrits ou saisis, et le domicile de la partie contre laquelle l'action doit être dirigée, la description ou la saisie est annulée de plein droit, sans préjudice des dommages-intérêts qui peuvent être réclamés s'il y a lieu.

Dispositions relatives aux étrangers.

Art. 12.

Les étrangers ayant obtenu en France l'une des récompenses visées en l'article 1er, auront en France, à l'égard de ces récompenses, les mêmes droits que les nationaux. Ils jouiront également, en France, de la protection de la présente loi pour toute récompense ou attestation obtenue à l'extérieur, dans les conditions prévues au § 2 de l'article 1er, si dans le pays de ces étrangers la législation ou les traités internationaux assurent aux Français la réciprocité.

Seront considérées comme obtenues dans les conditions prévues au § 2 de l'article 1er, les récompenses ou attestations officielles notifiées comme telles au Gouvernement français par le gouvernement intéressé.

Art. 13.

Tous les produits étrangers portant indûment l'indication d'une récompense ou attestation protégée par la présente loi, sont prohibés à l'entrée, et exclus du transit et de l'entrepôt, et peuvent être saisis en quelque lieu que ce soit, soit à la diligence de l'administration des douanes, soit à la requête du ministère public ou de la partie lésée.

Dans le cas où la saisie est faite à la diligence de l'administration des douanes, le procès-verbal de saisie est immédiatement adressé au ministère public.

Le délai dans lequel l'action prévue par l'article 11 devra être intentée, sous peine de nullité, soit par la partie lésée, soit par le ministère public, est porté à deux mois.

Les dispositions de l'article 6 sont applicables aux produits saisis en vertu du présent article.

Disposition transitoire.

ART. 14.

La présente loi sera exécutoire à partir du 1er octobre 1876.

Les actes visés en l'article 2, qui auraient été commis antérieurement à cette date, continueront à ne relever que de l'article 1382 du Code civil.

EXPOSÉ DES MOTIFS

Les récompenses délivrées par l'autorité publique ou ses représentants, à l'occasion des grands concours d'industrie, de science ou d'art, ouverts par ses soins, constituent une propriété de plus en plus considérée et dont la protection est évidemment d'ordre public. Néanmoins, aucune disposition législative n'est encore intervenue pour réprimer les usurpations dont ces droits nouveaux, d'origine si haute, sont journellement l'objet, non-seulement au préjudice des lauréats et du consommateur, mais encore au mépris des droits de l'État et des devoirs internationaux qui incombent au pays.

Les récompenses dont il s'agit ont, en effet, un caractère complexe qu'il importe de bien définir. Malgré les étroites limites dans lesquelles la jurisprudence a dû se mouvoir pour atteindre, au moins civilement, les usurpateurs, la nature du « *dommage causé* » n'a point échappé à la perspicacité de la magistrature.

La Cour de Bordeaux s'exprimait ainsi, dès 1853 :

« La Cour ; — Attendu que les médailles d'honneur distribuées par la
« Commission générale de l'Exposition universelle de Londres ont reçu
« l'attache et la sanction du gouvernement français, puisque, d'une part,
« des Commissions françaises, par lui désignées, ont fait partie de la Com-
« mission générale et que, d'autre part, il a, dans une solennité présidée
« par le chef de l'État, imprimé aux distinctions obtenues par l'industrie
« française un caractère national ; — Attendu qu'outre ce qu'elle a d'ho-
« norifique, cette distinction devient pour les industriels auxquels elle a
« été décernée une recommandation qui les signale à la confiance
« publique ; qu'il est d'autant plus juste et plus utile de lui maintenir ce
« double avantage qu'elle est à la fois la rémunération du travail intelli-
« gent et un principe d'émulation et de progrès, qui deviendrait illusoire
« si les concurrents auxquels la même récompense n'a pas été accordée,
« pouvaient néanmoins s'en targuer aux yeux du public et se présenter
« comme l'ayant obtenue. »

L'honorable M. Bertin, analysant cet arrêt, insiste avec grande raison
sur ce point que ces récompenses sont loin d'être purement honorifiques (1).

« Elles sont bien plus encore une recommandation méritée destinée à
« permettre aux fabricants ainsi signalés à l'acheteur de trouver dans un
« débit plus facile et plus étendu la légitime rémunération de leurs tra-
« vaux, de leurs soins et des sacrifices considérables que souvent ils
« s'imposent pour arriver aux résultats qu'ils obtiennent.

« Les récompenses décernées par le Jury d'Exposition ne sont pas seu-
« lement honorifiques, elles ont une valeur commerciale. Cette valeur
« constitue pour les élus de l'Exposition une propriété qui ne peut être
« usurpée, sans dommage pour le public et pour ceux à qui elle appar-
« tient. La concurrence déloyale qui commettrait cette usurpation doit
« être sévèrement réprimée. »

Si l'appréciation du savant juriste montre bien quel est le double caractère, en droit privé, de l'usurpation qu'il flétrit si justement, les termes
mêmes de la conclusion suffisent pour démontrer le défaut essentiel de la
législation présente sur la matière. L'usurpation des médailles n'est
aujourd'hui passible que d'une action en concurrence déloyale. C'est assez
dire qu'elle ne constitue pas juridiquement un délit, et que des industriels peu scrupuleux peuvent, sans avoir à redouter les rigueurs du
parquet, étaler impudemment des marchandises revêtues indûment de la
médaille créée lors de la grande Exposition de 1867, par exemple, et
solennellement délivrée aux premiers industriels de France comme
récompense nationale. Il faut ajouter que cette fraude éhontée, non-seu-

____

(1) Pataille, *Annales de la propriété industrielle, artistique et littéraire*, tome I, p. 2.

lement constitue un outrage à un acte du gouvernement agissant comme exécuteur de la loi et lèse le public abusé par une indigne tromperie, mais encore crée au pouvoir exécutif une situation délicate en face des étrangers auxquels il se trouve avoir conféré des titres dont il n'est pas en mesure d'assurer la protection.

C'est ce que la Cour de Bordeaux, déjà citée, a fait ressortir très-nettement dans les considérants d'un arrêt rendu (9 janvier 1865) à l'occasion d'une imitation frauduleuse de la médaille décernée à l'Exposition de Londres.

« Attendu qu'il n'appartient pas à la Cour d'apprécier dans quelles
« limites sont coupables les industriels qui se parent de médailles sans
« mérite, cherchant à surprendre la bonne foi du public au détriment de
« ceux qui, dans des luttes internationales, ont obtenu des récompenses
« dues à leur intelligente initiative et à leurs labeurs incessants ; que
« c'est au Gouvernement seul qu'échoit la mission de réglementer la
« matière, afin que la crédulité publique ne puisse être surprise. »

Cet arrêt est un appel direct à une réglementation législative de la question. La magistrature se déclare impuissante à réprimer un acte qui, à ses yeux, a pour but et pour effet de surprendre la bonne foi du public.

Telle est la situation exposée par une des premières Cours de justice du pays. Une pareille constatation suffit pour démontrer l'urgence d'une solution donnant satisfaction aux intérêts moraux et matériels que compromet l'état actuel des choses.

Or, cette solution semble indiquée d'elle-même par la nature de la propriété dont il s'agit de réprimer l'usurpation :

Si les récompenses accordées dans les Expositions officielles d'industrie ou d'art sont à la fois honorifiques et commerciales, l'appropriation qui en est faite indûment doit, quant à la peine, relever de l'article 259 du Code pénal et, quant à la procédure, de la loi du 23 juin 1857. Il est, en effet, de toute évidence que les principes de droit qui ont guidé le législateur, lorsqu'il a édicté une répression correctionnelle contre l'usurpateur d'une décoration et celle d'une marque de commerce, ont, en l'espèce, une application tout à fait indiquée.

Le rédacteur du projet de loi a donc puisé largement à ces deux sources juridiques, en s'inspirant des améliorations réalisées par la jurisprudence française et les législations étrangères au cours de ces dernières années.

Définition des intérêts protégés par la présente loi.

La loi doit définir, avant tout, les récompenses ou attestations ayant droit à une garantie d'ordre public contre les usurpations dont elles pourraient être l'objet. Il n'est pas possible de procéder en cette matière par voie d'énumération ; mais il est indispensable de poser très-clairement les principes et d'établir les grandes classifications. C'est ce qui a été fait dans l'art. 1er.

Le critérium est ici l'attache de l'État explicitement manifestée.

Tout corps non autorisé par l'État à délivrer des récompenses ou attestations ne saurait conférer un document faisant titre, au sens de la présente loi. Les récompenses ou attestations non comprises dans la catégorie qui vient d'être définie pourront toujours néanmoins se réclamer de la protection due, s'il y a lieu, par l'art. 1382 du Code civil ; mais il reste entendu que l'État ne doit aucune garantie d'ordre public à des diplômes ou approbations à la délivrance desquels il n'a pas été partie.

Toute erreur d'appréciation sur la catégorie dans laquelle doit être rangée une récompense ou attestation restreindrait considérablement les bons effets de la loi et pourrait multiplier les procès. Il importe donc au plus haut point de parer à de si graves inconvénients. Il suffit pour cela d'instituer au Conservatoire des arts et métiers un registre analogue à celui dont la loi de 1857 a ordonné la création pour l'enregistrement des marques de fabrique.

Cette inscription aurait lieu sur le vu du titre délivré par l'autorité compétente et dûment légalisé. Les droits d'enregistrement seraient perçus conformément à ce qui est pratiqué en matière de marques de fabrique.

Il n'y a pas lieu d'imposer le renouvellement de l'inscription durant la vie du lauréat, à moins que la récompense, ayant été décernée en vue d'une fabrication industrielle, l'entreprise ait été cédée avec les marques et y compris le droit de mentionner la récompense obtenue par le cédant.

L'art. 1er prescrit en ce cas le renouvellement de l'enregistrement avec mention de la cession. Il ne paraît pas admissible que l'acheteur après faillite ait le droit de mentionner les médailles obtenues par l'ancien propriétaire du fonds. Il ne saurait être présumé avoir hérité des traditions de fabrication perfectionnée et consciencieuse qui ont présidé à l'obtention de la récompense ou attestation.

La tenue du registre ouvert au Conservatoire des arts et métiers, en exécution de la présente loi, implique un corollaire dont l'indication a été puisée dans la nouvelle loi d'Empire, votée le 30 novembre dernier par le Reichstag, *la Radiation*.

Il est nécessaire que celui qui parcourt le registre, pour savoir si telle distinction y figure, sache en même temps si elle y figure légalement. La législation sur les marques, de 1857, n'a point prévu ce cas, et il y a, dans les registres des greffes et dans ceux du Conservatoire, nombre de marques dont l'emploi a été défendu au titulaire par jugements et arrêts, et qui néanmoins continuent à paraître protégées par la loi, aux yeux de quiconque va chercher dans ces registres la règle des droits de chacun. Il y a là une source d'erreurs pour le public et un privilége scandaleux pour des intérêts que la justice a frappés, ou tout au moins que la loi n'a pas à sauvegarder.

La nouvelle loi allemande évite en partie cet inconvénient, mais n'y remédie toutefois que d'une façon très-insuffisante.

La seule mention portée sur le registre, aux termes de l'ordonnance rendue par le Conseil fédéral, en date du 30 novembre 1874, est purement et simplement que la marque est radiée.

Il est impossible de savoir si la radiation a eu lieu pour vice de forme dans l'acte matériel de déclaration ou parce que cette marque a été déclarée frauduleusement par le titulaire. Cette lacune ne peut être comblée que par la transcription de la sentence, en marge de l'inscription, sur le registre du Conservatoire.

Il est à peine besoin d'ajouter, dans l'état de nos mœurs juridiques, qu'une inscription, indûment faite ou maintenue, ne saurait en rien prémunir le délinquant, si délit il y a, contre les conséquences pénales d'un acte d'usurpation. En ce cas, la radiation n'est plus que l'une des parties du dispositif de la sentence correctionnelle.

L'art. 2 du projet précise les délits justiciables de la présente loi. On a pris pour guide, dans cette classification, les motifs eux-mêmes des différentes sentences rendues par nos Cours de justice, soit pour réprimer civilement les usurpations, par application de l'art. 1382 du Code civil, soit pour constater les lacunes de notre législation et l'impuissance du juge.

Toutes les hypothèses pouvant se présenter ont passé sous les yeux de la magistrature et ont été annotées par elle dans de remarquables décisions. On aura une idée très-exacte du procédé qui a été suivi dans l'ordonnance de l'art. 1er en parcourant les espèces suivantes, extraites du savant recueil de jurisprudence déjà cité et placées comme exemples à la suite du texte qui les vise :

1° *Celui qui se sera attribué dûment et publiquement une récompense ou attestation délivrée par l'autorité publique à l'occasion d'un concours d'industrie, de science ou d'art, ou par un corps constitué reconnu par l'État et dûment autorisé à cet effet.*

Exemple :

« Attendu qu'il importe de maintenir dans les rapports que les commerçants ont les uns vis-à-vis des autres, les règles de la loyauté et de la bonne foi qui devraient être les éléments de leur prospérité ; — Attendu, dans la cause, que l'intimé a voulu s'approprier le mérite d'une récompense décernée par le Jury de l'Exposition universelle de Londres, exposition à laquelle le gouvernement français avait donné son approbation, tandis qu'en réalité, la médaille et l'écrit qu'il représente lui avaient été délivrés dans le but unique de constater qu'il était au nombre des exposants ; qu'ainsi il a usurpé un avantage dont Robert Verly devait jouir exclusivement ou que, du moins, il ne devait partager qu'avec les négociants auxquels la même distinction avait été accordée ; que, par ce fait, il a causé un préjudice à l'appelant et qu'il est juste d'en allouer la réparation. » (Cour d'appel de Lyon. — Arrêt du 4 mai 1857.)

Autre espèce :

« Attendu qu'une médaille a été accordée par la Commission de l'Exposition universelle de Londres, à Sandoval, associé de Colmès, pour la fabrication des chocolats ; que Louit frères, fabricants de produits similaires dans la même ville, ont combiné les tableaux et étiquettes par lesquels ils s'annoncent au public et au commerce de manière à faire supposer, contrairement à la vérité, qu'ils ont obtenu la même distinction ; — Qu'ils ont par là porté atteinte aux droits de Sandoval et Colmès ; usurpé, pour attirer à eux les consommateurs, une recommandation qui ne leur appartenait pas et qui appartient aux premiers, et leur ont fait, à l'aide de ce moyen illégitime, une concurrence dommageable ; — Attendu qu'il importe de réprimer des supercheries qui tendent à abuser le public et nuisent au commerce loyal. » (Cour de Bordeaux. — Arrêt du 20 décembre 1853.)

2° Celui qui se sera attribué indûment et publiquement une récompense pour un genre d'industrie autre que celui pour lequel il a été récompensé.

Exemple :

« La Cour, considérant que dans les adresses par lui distribuées, l'intimé a disposé les indications de manière à se présenter cumme ayant reçu à diverses expositions, et notamment à celle de 1855, une médaille pour la confection des machines à coudre ; — Que, cependant, il reconnaît lui-même devant la Cour que ces récompenses s'appliquaient à d'autres inventions. — Considérant que, par cette annonce contraire à la vérité, l'intimé a nécessairement causé un préjudice à Callebaut, qui a réellement reçu une médaille à l'Exposition de 1855 pour le perfectionnement des machines à coudre ; — Que la Cour trouve dans la cause les éléments suffisants pour apprécier ce dommage ; par ces motifs, etc. » (Cour de Paris. — Arrêt du 11 novembre 1859.)

3° Celui qui se sera attribué indûment et publiquement une récompense autre que celle qu'il a obtenue.

Exemple :

« Attendu qu'il est déclaré en fait par l'arrêt attaqué que Monteux et Gilly, fabricants de chaussures à Paris, se sont attribué faussement, sur leurs factures, une médaille pareille à celle que les fils Fanien avaient obtenue à l'Exposition de Londres, en 1863, tandis qu'ils n'avaient eu à cette Exposition qu'une mention honorable ; — Qu'en déclarant que ces faits constituaient une concurrence déloyale qui avait causé un préjudice aux fils Fanien, l'arrêt attaqué a très-suffisamment motivé la condamnation qu'il prononce, et que, loin de violer l'article 1382 du Code Napoléon, il en a fait une juste application ; rejette, etc. » (Cour de cassation, 4 mai 1868.)

Autre espèce :

« La Cour, considérant que Fléchelle, marchand boucher, rue Gaillon, a fait figurer à l'extérieur de sa boutique et sur la voiture de sa maison de commerce, un certain nombre de médailles d'or, d'argent et de bronze, sur lesquelles on lit : « Concours de Poissy, prix d'honneur ou premier prix, 1863 ; » que cette inscription est en outre répétée et placée dans un écusson au-dessus de chaque côté de la devanture de sa boutique ; — Que ces emblèmes multipliés, destinés à frapper l'attention du public et à l'attirer, ne seraient un moyen légitime d'augmenter l'achalandage et la clientèle de la maison Fléchelle, que s'il avait obtenu les nombreuses distinctions que ces emblèmes annoncent et qu'elle s'attribue ; mais qu'il n'est pas contesté que la seule médaille qui lui ait été délivrée au concours de Poissy a consisté dans une médaille de bronze ; qu'en achetant les animaux qui ont mérité, à ceux qui les avaient élevés, des médailles d'or et d'argent, il n'a pas acquis en même temps le droit de se prévaloir de ces médailles décernées aux producteurs à titre d'encouragement et non en vue de recommander au public le marchand boucher qui achète leurs produits pour les vendre au détail ; qu'elles sont personnelles à ceux qui les obtiennent ; qu'elles portent leurs noms et ne peuvent servir qu'à eux ; que les seules médailles dont les marchands bouchers peuvent se prévaloir sont celles qui leurs sont délivrées nominativement pour le plus grand nombre de bœufs primés au concours de Poissy ; — Qu'ils usent alors d'une distinction qui leur est personnelle et qui tient à leur commerce et qui a pour cause le concours qu'ils donnent dans leurs achats au progrès de l'amélioration et de la production de ces animaux ; — Que cette récompense et ses effets seraient paralysés, si ceux qui ne l'ont pas obtenue pouvaient s'en attribuer le bénéfice par l'exhibition multipliée d'autres médailles auxquelles ils n'ont aucun droit, délivrées dans un autre but et qui tromperaient le public en lui faisant croire à un approvisionnement formé d'animaux primés, approvisionnement qui, en réalité, n'existerait pas ; — Que les appelants à qui ont été délivrées au concours de Poissy des médailles d'or, d'argent et de bronze, destinées aux marchands bouchers et qui sont établis dans les rues rapprochées de celle habitée par Fléchelle, sont donc fondés à se plaindre des moyens illégitimes qu'il a employés pour leur faire concurrence, en se donnant aux yeux du public les apparences de distinctions commerciales qu'il n'a pas obtenues, et à demander la suppression des emblèmes et mentions dont il s'agit. » (Cour de Paris. — Arrêt du 12 mai 1863.)

3° Celui qui prétendra indûment et publiquement avoir seul obtenu une récompense qui, en réalité, aurait été accordée concurremment à plusieurs lauréats.

« Le Tribunal : — Attendu que Boutevillain et Cie demandent qu'il soit fait défense à Mirio et Cie d'annoncer dans leurs publications, prospectus et papiers de commerce « qu'ils sont les *seuls* qui ont obtenu la *seule* médaille accordée à l'industrie des tubes en fer à l'Exposition universelle de 1862, » — réclament, pour le préjudice causé, 20,000 francs à titre de dommages-intérêts, — demandent en outre l'autorisation de publier dans cinq journaux le jugement à intervenir et la condamnation contre Mirio et Cie à 500 francs de dommages-intérêts pour chaque contravention régulièrement constatée à l'avenir ; — Attendu que Mirio et Cie, dans leurs conclusions, reconnaissent avoir énoncé qu'ils avaient obtenu la *seule* médaille accordée à l'industrie des tubes en fer creux, à l'Exposition universelle de 1862, mais prétendent que ces faits sont sans importance, toute confusion étant impossible entre les produits vendus par eux et ceux vendus par Boutevillain et Cie, parce que le consommateur qui veut des tubes français ne saurait s'adresser à eux qui ne vendent que des tubes anglais ; — Attendu qu'il est constant que les tubes expédiés d'Angleterre en France se vendent dans toutes leurs applications et concurremment aux tubes français, et qu'une similitude parfaite existe entre les produits vendus par Boutevillain et Cie et ceux vendus par Mirio et C^io ; — Attendu que des pièces produites il ressort que si James Russells et fils, fabricants anglais, dont Mirio et Cie sont les représentants à Paris, ont obtenu une médaille à l'Exposition de 1862, Boutevillain et Cie ont, à la même Exposition, pour leurs produits, obtenu une médaille de même valeur ; — Que c'est donc à tort que Mirio et Cie, dans les journaux et dans leurs tarifs, se sont annoncés comme ayant *seuls* obtenu cette récompense pour cette industrie ; — Que, dès lors, il y a lieu de faire cesser cette publicité ; — Attendu qu'en raison de la publicité précédemment employée par les deux parties, il y a lieu d'ordonner la publication du jugement à intervenir dans deux journaux au choix de Boutevillain et Cie, aux frais de Mirio et Cie ; — Attendu que Boutevillain et Cie trouveront dans la défense qui va être faite à Mirio et Cie, dans la publication ordonnée, une réparation suffisante alors que d'ailleurs ils ne justifient d'aucun préjudice appréciable ; — Attendu qu'il y a lieu de donner acte à Mirio et Cie de l'offre qu'ils font de ne plus s'annoncer comme ayant seuls obtenu la récompense dont il s'agit au procès, mais de les condamner dès à présent, pour le cas de contravention régulièrement constatée à l'avenir, à payer à Boutevillain et Cie une somme de 50 francs à titre de dommages-intérêts ; — Par ces motifs, etc. »

(Trib. de Com. de la Seine. — Jugement du 1er mars 1867.)

3° Celui qui, à l'aide de manœuvres ou imitations frauduleuses de nature à tromper l'acheteur inattentif ou illettré, aura indûment cherché à se faire considérer comme titulaire de l'une des récompenses ou attestations visées par la présente loi.

Exemple :

« Attendu qu'il n'appartient pas au Tribunal d'apprécier dans quelles limites sont coupables les industriels qui se parent de médailles sans mérite, cherchant à surprendre la bonne foi du public au détriment de ceux qui, dans les luttes internationales, ont obtenu des récompenses dues à leur intelligente initiative et à leurs labeurs incessants ; que c'est au gouvernement seul qu'échoit la mission de réglementer la matière, afin que la crédulité publique ne puisse être surprise. » (Cour de Bordeaux.— Arrêt du 9 janvier 1865.)

Doit-il y avoir des degrés dans la pénalité suivant que le délinquant s'attribue une récompense, alors qu'il n'en a pas obtenu, ou s'attribue une récompense autre que celle qu'il a obtenue, ou pour un genre d'industrie autre que celui pour lequel il a été récompensé ?

Il ne paraît pas, d'après les considérants des sentences rendues dans ces diverses hypothèses par les tribunaux civils, que la situation légale du défendeur leur apparaisse sous des couleurs différentes.

En tout cas, il ne saurait y avoir là que des nuances dont l'appréciation doit être laissée *arbitrio judicis,* l'écart entre le maximum et le minimum de la peine suffisant largement à faire la part des circonstances atténuantes ou aggravantes. En toute hypothèse, il y a également tromperie au préjudice du véritable lauréat ainsi qu'envers le consommateur, et offense à une décision de l'autorité publique.

Reste encore la question de savoir si, en matière d'imitation frauduleuse, le principe de l'atténuation dè la peine, inscrit dans la loi de 1857, doit être ici conservé. Nous ne le pensons pas. Les législations des autres pays ne l'admettent point ; rien du reste ne le justifie. L'imitation frauduleuse implique nécessairement la mauvaise foi. Il faut une certaine somme de réflexion pour altérer une marque ou une médaille de telle sorte que le public soit sûrement induit en erreur. On ne conçoit pas, dès lors, comment le législateur pourraît être amené à user d'une indulgence particulière pour une fraude inséparable de la circonstance aggravante d'une préméditation exceptionnelle.

Enfin, l'article 2 permet d'atteindre un délit qui a échappé presque toujours à la justice, par suite d'insuffisance de la loi de 1857, la complicité du vendeur.

Il arrive très-fréquemment qu'un débitant, détenteur d'objets portant des marques contrefaites, évite toute répression parce qu'il est impossible d'établir qu'il a agi sciemment, et, en outre, met à couvert les premiers coupables en alléguant qu'il n'a pas souvenir des circonstances à la suite desquelles le corps du délit est en sa possession. La jurisprudence a établi, à la vérité, qu'en pareil cas ce débitant peut être considéré comme étant de mauvaise foi, mais, dans la plupart des cas, le juge ne pouvant s'appuyer sur aucun texte formel, hésite à s'engager dans une voie où il risque d'élargir le cercle de la criminalité voulue par le législateur. Le plus souvent, le magistrat s'abstient, arrêté par la maxime *Odia sunt restringenda*.

La loi anglaise a pourvu, dans une certaine limite, aux nécessités de cette situation. *L'acte pour amender la législation des marques de commerce* du 7 août 1862 porte (art. 6) une amende de 5 livres contre le débitant qui refuse les justifications demandées. Mais c'est là évidemment un moyen illusoire de coercition.

C'est ce qui a été parfaitement expliqué dans les Chambres canadiennes lors de la loi du 14 juin 1872, sur les marques de commerce. Aussi, a-t-il été établi (art. 6) que le débitant serait, dans le cas précité, puni d'une amende de 20 piastres, et, « en outre, réputé avoir vendu ou mis en vente, *sciemment*, une marchandise portant une marque contrefaite ou usurpée (1). »

Il y a là un progrès juridique dont on ne pourrait méconnaître la valeur, car, donner l'impunité au débitant, c'est assurer celle du contrefacteur et favoriser le développement de la contrefaçon.

Recevabilité de l'action.

On vient de voir quels sont les intérêts lésés. Il est facile d'en déduire les conditions dans lesquelles l'action sera recevable.

L'usurpation à réprimer s'attaquant à des actes émanés directement ou indirectement de l'autorité, l'action est, au premier chef, d'ordre public. Du reste, s'il en est ainsi en matière de marques de fabrique, à plus forte raison doit-il en être décidé de même en ce qui concerne les délits visés

---

(1) ART. 6. — Toute personne qui, après la mise en vigueur du présent acte, aura vendu ou mis en vente une marchandise portant, soit une marque de commerce contrefaite, soit une marque appartenant à autrui, sera tenue, sur mise en demeure écrite à elle signifiée ou déposée à son dernier domicile connu, soit au lieu de vente ou de mise en vente, par le fabricant ou négociant dont la marque de commerce aura été contrefaite ou usurpée, de fournir à ce négociant ou fabricant, ou bien à son fondé de pouvoirs, dans les quarante-huit heures après la mise en demeure, des renseignements complets par écrit sur le nom et l'adresse de celui que lui aura vendu ou procuré ladite marchandise, et sur l'époque à laquelle elle en aura reçu livraison. En cas de refus de sa part, elle pourra être sommée par le juge de paix, de fournir ces renseignements dans un délai que ce magistrat déterminera, et, si elle n'obéit pas à cette injonction, elle sera condamnée à une amende de 20 piastres. En outre, elle sera réputée avoir vendu ou mis en vente sciemment une marchandise portant une marque de commerce contrefaite ou usurpée. (*Acte relatif aux marques de commerce au Canada*, traduction de M. Gomel, auditeur au Conseil d'État. — *Annuaire de la Société de législation comparée*, 2e année, page 57.)

par le projet de loi. Il n'y a donc pas lieu d'insister ; mais, ce qu'il importe de bien préciser, c'est la mesure dans laquelle le Parquet doit exercer son droit. Lors de la discussion sur la loi du 23 juin 1857, ce qui préoccupa surtout les membres du Corps législatif, ce fut l'abus que le ministère public pourrait faire de sa prérogative et la crainte qu'il n'y eût là prétexte à une inquisition attentatoire à la liberté du commerce. Le rapporteur, M. Busson-Billault, fut donc chargé de dire à la tribune que le ministère public n'userait de la faculté dont il était armé que dans la stricte mesure de l'utile.

Or, il est advenu que le Parquet, dépassant complétement les intentions du législateur, n'a *jamais* poursuivi, à moins de constitution de partie civile, et cela même dans les cas où la constitution de partie civile est impossible, comme par exemple lorsque le délit porte préjudice au commerce français en général sans léser un fabricant en particulier. De nombreuses communications du ministère des finances ont porté cette jurisprudence abusive à la connaissance du service des douanes pour qu'il eût à s'y conformer (1).

Il y a donc lieu de mentionner formellement dans la loi le droit conféré au ministère public, afin qu'il sache que c'est aussi un devoir. D'ailleurs, toutes les considérations qu'on pourrait, à la rigueur, faire valoir en matière de marques, pour justifier son inertie, ne sauraient avoir ici d'application.

Il ne s'agit pas, en effet, d'un dessin plus ou moins insignifiant adopté arbitrairement par le premier venu, pour caractériser des marchandises bonnes ou mauvaises, mais d'une attestation portant l'attache de l'Etat, et appliquée sur des marchandises présumées de qualité supérieure. D'autre part, la légitimité du titre n'est pas en question. Tout concourt donc à imposer au Parquet l'obligation de poursuivre d'office, dès que le délit lui apparaît constaté.

La partie la plus intéressée dans la question, après l'État, c'est assurément le lauréat ; il serait superflu d'insister sur la légitimité de ses revendications ; mais il en est d'autres qui pourraient très-injustement faire l'objet d'une fin de non-recevoir, s'il n'y était pourvu par un texte explicite : ce sont celles du fabricant de produits similaires et du consommateur.

Le fabricant de produits similaires est évidemment victime, au cas d'usurpation dont il s'agit, d'une concurrence déloyale qui l'atteint plus encore que le véritable lauréat, car ce dernier n'est que spolié partiellement, tandis que le fabricant de produits similaires, placé dans les mêmes conditions de main-d'œuvre que l'usurpateur, est vis-à-vis des acheteurs dans un état d'infériorité ruineux, contre lequel il a droit d'être garanti.

---

(1) Une lettre récente de l'administration des finances à la Chambre de commerce de Sedan constate formellement cette jurisprudence.

La question a été jusqu'à ce jour si peu élucidée, la voie commerciale a paru offrir si peu d'avantages aux fabricants de produits similaires, qu'il n'y a pas eu d'action introduite sur leur initiative, bien que le sentiment des juristes leur ait été théoriquement favorable. On peut citer, à cet égard, M. Pataille, dont l'opinion fait autorité en ces matières (1).

Enfin, il est un intérêt dont le législateur ne saurait se dispenser de prendre souci, l'intérêt du consommateur. Il importe qu'il puisse poursuivre, par voie de citation directe, l'industriel quel qu'il soit, fabricant ou débitant, qui l'a trompé sur la nature de la garantie commerciale, recherchée dans le produit dont il a été fait acquisition. Le public achète, en effet, de confiance, un produit portant présomption officielle d'une fabrication perfectionnée et consciencieuse. Il faut donc qu'il ait, lui aussi, un moyen rapide et peu coûteux de faire respecter son droit. L'art. 423 du Code pénal, qui punit la tromperie sur la nature de la chose vendue, ne saurait avoir qu'une application très-contestable. La preuve en est dans ce fait que l'action de l'acheteur trompé sur la marque de fabrique, n'a été considérée comme recevable que dans des cas très-rares et tout à fait exceptionnels. On cite à peu près uniquement un arrêt conforme, rendu par la Cour de Paris, et encore s'agissait-il d'un produit pharmaceutique, ce qui introduisait dans la culpabilité des éléments particuliers. Il est donc hors de doute que, s'il n'était statué législativement, les intérêts de l'acheteur seraient livrés à toutes les incertitudes de la jurisprudence.

Ces divers cas de recevabilité dûment établis, le projet de loi a posé une règle commune à chacnn d'eux, c'est que l'action sera recevable indépendamment de tout dommage causé.

Le préjudice causé serait, le plus souvent, si difficile à établir, que ce serait annuler virtuellement les effets de la loi que d'exiger du plaignant la preuve juridique du dommage. Il reculerait nécessairement devant les frais de procédure, l'éventualité de l'expertise et des pertes de temps et d'argent étant en disproportion avec l'importance de la réparation.

La précaution législative, insérée dans ce projet de loi, n'est point d'ailleurs sans précédents dans les législations étrangères. C'est, en effet, à l'article 12 de la loi italienne du 30 août 1868, sur les marques de fabrique, que le texte adopté par ce projet a été emprunté (2).

C'est à l'absence d'une disposition de cette nature dans nos lois de 1824 et 1857 qu'il faut attribuer l'impunité qui, dans un grand nombre de cas, couvre le tort fait à des intérêts pour lesquels le législateur ne saurait avoir trop de sollicitude.

---

(1) *Annales de la propriété industrielle, artistique et littéraire*, page 137, tome I.

(2) Art. 12. — Sera puni d'une amende qui pourra être portée à 2,000 livres, même quand il n'y aurait pas dommage causé à un tiers :

4° Celui qui aura contrefait une marque, etc., etc. (Loi italienne du 30 août 1868).

Pénalités.

L'analogie du sujet a amené, comme on l'a vu, à prendre pour base de la pénalité celle qui est édictée en l'article 259 du Code pénal; mais la nature du délit implique d'autres conséquences.

La récompense a été décernée publiquement. La répression doit donc conserver un caractère de publicité sans lequel elle serait incomplète. Aussi est-il porté en l'article 5 que, en cas de mauvaise foi, l'insertion serait de droit : 1° dans le *Journal officiel*, et en outre, s'il y a partie civile, dans un autre journal au choix de cette dernière, et dans les deux cas aux frais du condamné.

On a pensé qu'il était nécessaire de rendre obligatoire une pénalité qui, en matière de marques, est seulement facultative dans notre législation. Il n'y point là, du reste, d'innovation téméraire, même en ce qui concerne le régime des marques de fabrique. La nouvelle loi allemande, si favorable à l'arbitraire du juge, n'est point allée jusqu'à lui laisser à cet égard une latitude favorable au délinquant. L'article 17 porte insertion de droit, tout en attribuant au Tribunal le soin de régler la forme de la publication (1).

La question de la pénalité se compose enfin d'un élément au sujet duquel la loi de 1857 et celle de 1824, qui ont des rapports étroits avec le présent projet, n'offrent pas une clarté suffisante et qui a amené des controverses sans fin, c'est la circonstance de bonne foi.

La loi de 1857 et celle de 1824 n'admettent la preuve de la bonne foi qu'en faveur du vendeur, mais elles ne disent pas à qui incombe cette preuve. Or, la jurisprudence a comblé cette lacune en mettant ladite preuve à la charge du délinquant.

L'expérience démontre, en effet, que, s'il en était autrement, le délit de contrefaçon servile ou d'usurpation échapperait presque toujours à toute répression. Mais n'est-il pas préférable de mentionner explicitement dans la loi le critérium suivant lequel elle devra être appliquée et couper court par avance à ces fluctuations de la jurisprudence si dommageables à tous les intérêts en cause? Il ne saurait y avoir aucun doute à cet égard.

Procédure.

Les dispositions du projet relatives à la procédure sont empruntées, en général, à l'aide d'une adaptation appropriée, à la loi du 23 juin 1857.

Néanmoins, il est un point sur lequel les dispositions de ladite loi ont

---

(1) Si la condamnation a lieu au criminel, au lésé est conféré le droit de publier la condamnation aux frais du condamné. (Loi sur la protection des marques de fabrique, du 30 novembre 1874. Leipzig, typ. Léopold et Baer.)

dû être complétées. Il résulte, en effet, de la jurisprudence établie dans la plupart des pays avec lesquels la France possède des traités de réciprocité sur les marques des marchandises, que la preuve du délit y est facilitée par des moyens qui ne sont pas en usage en France, notamment par la saisie des écritures du prévenu. C'est là une infériorité qui ne doit pas passer dans la nouvelle loi. Il est reconnu que la preuve du délit, et surtout l'étendue du délit, particulièrement la fréquence de la perpétration, ne peuvent se démontrer que par les écritures. Que le délinquant ait des soupçons, et il fait disparaître le corps du délit, mais il ne saurait faire disparaître les écritures sans lesquelles une maison de commerce ne peut fonctionner. C'est à la certitude que les livres n'ont pas à redouter l'examen de la justice qu'il faut attribuer surtout la facilité avec laquelle certains industriels s'engagent dans des actes de contrefaçon et d'usurpation. Cette impunité scandaleuse doit leur être enlevée. La justice, d'ailleurs, trouvera dans ce moyen de procédure, outre un moyen de constatation, une base aux dommages et intérêts à allouer par état, ce qui est de tous les modes d'attribution le plus correct et le plus équitable.

Par ses dernières dispositions, le projet pourvoit au règlement de la question en matière internationale, en introduisant dans la nouvelle loi un progrès qui a déjà fait l'objet, en 1873, d'une disposition additionnelle à nos différentes lois sur le nom commercial, les raisons sociales, marques, dessins et modèles de fabrique.

Dans une *Note à consulter*, dont la commission sur le timbre-marque voulut bien s'approprier les conclusions, celui qui écrit ces lignes recommandait ainsi l'innovation dont il demande aujourd'hui l'adoption dans la loi nouvelle. Elle consiste à assurer la garantie de la loi française aux nations qui, par traités internationaux *ou par lois intérieures*, établiraient la réciprocité :

« Il se manifeste aujourd'hui chez certains peuples une tendance à remplacer autant que possible les conventions internationales par des lois stipulant la réciprocité pour les nations qui, de leur côté, adopteraient le même régime.

« L'absence d'une mention de cette nature dans la loi de 1824 (relative aux usurpations de noms, etc.) fait que nos tribunaux n'en attribuent le bénéfice aux étrangers qu'avec une certaine hésitation, même en présence de traités internationaux établissant la réciprocité en matière de marques.

« En effet, l'art. 6 de la loi de 1857 sur les marques ne vise que ladite loi de 1857.

« Une disposition générale garantissant la réciprocité aux peuples qui la garantissent également, agrandirait *ipso facto* le cercle de la protection pour les produits français à l'étranger. Nous suivrions en cela l'exemple donné notamment par l'Autriche (loi du 15 juin 1866) et par l'empire allemand (art. 287 du Code pénal fédéral).

« D'autres États, opposés par principe à la conclusion de traités internationaux, se proposent d'entrer dans la même voie.

« Cette disposition aurait en outre pour effet, dans une certaine mesure, de provoquer à l'étranger la préparation d'une législation analogue à celle que consacre le présent projet de loi. »

Ces considérations prévalurent, et l'art. 9 adopté par voie d'amendement en a consacré le principe.

Les mêmes raisons peuvent être invoquées dans la question qui fait l'objet de cet exposé. Elles acquièrent même une force toute spéciale de ce que le fait seul, qu'un Etat qui sera représenté dans le Jury international de 1878, l'obligera virtuellement à adopter la législation dont la France va, sans nul doute, prendre l'initiative. Le lauréat étranger n'aura donc plus qu'à faire enregistrer ses droits au Conservatoire des arts et métiers, comme il est prescrit aux Français pour jouir des mêmes droits qu'eux.

Telles sont les dispositions essentielles et l'économie générale du projet de loi soumis à l'examen du Parlement. Il n'est guère possible d'en contester l'opportunité ; mais ce qui est plus incontestable encore, c'est l'obligation morale pour notre pays de réaliser, dès que le besoin en apparaît clairement, tous les progrès de nature à maintenir à notre législation et à notre jurisprudence commerciales, le rang élevé qui leur est universellement reconnu.

Cte DE MAILLARD DE MARAFY,

Licencié en droit, Conseil de l'*Union des Fabricants*.

2796. — Paris. Imprimerie Félix Malteste et Cie, 22, rue des Deux-Portes-Saint-Sauveur.